AF258204

MÉMOIRE

SUR

LA MARTINIQUE.

IMPRIMERIE DE PIHAN DELAFOREST (MORINVAL),
RUE DES BONS-ENFANS, N°. 34.

MÉMOIRE

SUR

LA MARTINIQUE,

AVEC DES NOTES EXPLICATIVES;

PAR

Benoît Duchesne Duvernay.

PRIX : 1 F. 70 CENTIMES.

PARIS.

DELAUNAY, LIBRAIRE, PALAIS-ROYAL,

PÉRISTYLE VALOIS.

1832.

AVERTISSEMENT.

——•—

VERS la fin de l'année mil huit cent vingt-neuf, je pris la résolution d'aller à la Martinique, pour me livrer à des opérations commerciales dans ce pays abondant en productions recherchées.

Jeune et robuste, je ne redoutais ni les dangers de la traversée, ni celui des fièvres jaunes, au terme de mon voyage.

Pendant la traversée, qui fut heureuse, je contemplais avec ravissement l'immensité des eaux; j'étais frappé d'admiration.

Avant d'arriver à la Martinique, à cinq ou six lieues de distance en mer, j'aperçus cette île comme un grand vase surmonté de fleurs et de verdure, balancé sur l'Océan.

Je débarquai à Fort-Royal, et quelque temps après, je me rendis à Saint-Pierre, et chaque jour, dans cette dernière ville, je m'occupais de l'exécution de mon projet, mais chaque jour aussi, j'allais me promener dans les champs: tantôt je gravissais les montagnes, tantôt je m'enfonçais dans les vallées, et tout ce qui s'offrait à mes regards me paraissait enchanteur.

A Saint-Pierre, à Fort-Royal, et dans les autres pays que j'ai parcourus, j'étudiai les mœurs des colons, et partout j'ai remarqué de près l'état misérable et affreux sous lequel gémit la race esclave. De sorte que tout ce que j'expose dans ce petit Ouvrage, n'est que le résultat de mes observations: puissent-elles plaire au lecteur ou lui être de quelque avantage.

LA MARTINIQUE.

CETTE île, la plus riche des petites Antilles, par la fertilité de son territoire, et par son commerce, d'environ quinze lieues dans sa longueur, et de douze dans sa largeur, à peu près sous la zône torride, est éloignée d'Europe de quinze cents lieues (1), et on y compte actuellement plus de cent vingt mille habitans de toutes couleurs.

Ses productions consistent en sucre, café, indigo, cacao, coton, tabac, et fruits délicieux.

_____

(1) Découverte par Christophe Colomb en 1492; les Français s'y établirent en 1635; prise par les Anglais en 1809; restituée à la France en 1814. Longitude de Fort-Royal, 63 degrés 36 minutes; latitude, 14 degrés 43 minutes.

Les deux principales villes sont Saint-Pierre et Fort-Royal; l'une et l'autre, ports de mer; la première renferme vingt-cinq mille âmes de population; la seconde, sept à huit mille; et c'est pourtant à Fort-Royal que résident les autorités supérieures, civiles et ecclésiastiques.

Saint-Pierre est situé entre des collines assez élevées, formant un demi-cercle, surmontées de rochers nus, mais cultivées sur les flancs; elles offrent le plus charmant coup-d'œil; si, par leurs positions, elles cachent aux habitans le lever du soleil, elles ne les empêchent pas de le voir tous les soirs se coucher; et lorsqu'il se plonge dans l'abîme des eaux, ils le contemplent avec ravissement.

On remarque dans cette ville, divisée en deux parties presque égales, par une petite rivière qui se jette dans la mer, de belles rues, de fort jolies maisons, deux églises consacrées au culte catholique, un hospice militaire, l'hôtel du trésor public, une salle de spectacles, et plusieurs fontaines dont les eaux abondantes arrivent, sous des aqueducs, du pied des collines dont je viens de parler, et portent dans tous les quartiers une fraîcheur salutaire.

La salle de spectacles présente à l'extérieur une noble simplicité, et dans son intérieur, des décorations du meilleur goût (1).

On trouve à Saint-Pierre deux imprimeurs chez lesquels on peut lire les journaux de la colonie, et ceux venus de France.

Des pensionnats où les enfans de race blanche apprennent la lecture, la grammaire, l'arithmétique et le dessin.

Et des écoles où les enfans des nègres et mulâtres apprennent seulement à lire et à écrire; les maîtres de lecture et d'écriture sont nègres ou mulâtres.

A peu de distance de la ville est un jardin public, vraiment enchanteur; on y voit des eaux tomber, de plus de quarante pieds d'élévation, dans un grand bassin, et ne sortir de ce bassin que pour se diviser en plusieurs ruisseaux tracés dans des directions opposées. On y voit aussi de grandes allées ombragées, et des berceaux de verdure; et malgré tout cela, ce jardin si beau est presque toujours désert : les dames créoles vont rarement s'y promener.

______

(1) On y joue la comédie pendant six mois de l'année.

A Fort-Royal la plupart des maisons sont en bois, celles qui sont bâties sont très agréables ; et la ville est embellie, comme celle de Saint-Pierre, par plusieurs fontaines dont les eaux sont également fraîches et saines.

Il y a un hospice militaire, dont l'administration est confiée à des dames hospitalières venues de France.

Et des pensionnats pour la première éducation des enfans des deux sexes.

Ces deux villes sont défendues contre l'ennemi qui voudrait y pénétrer, par des fortifications élevées du côté de la mer, et par des troupes de ligne en garnison (1).

On ne parle que la langue française dans la colonie.

La justice civile et criminelle y est administrée par des juges de paix, un tribunal de première instance, une Cour royale et une Cour d'assises.

Quand on a parcouru les montagnes et les vallées de la Martinique, on ne peut guère douter que le sol n'ait été bouleversé par des

______

(1) Il y a aussi garnison de troupe de ligne au fort Marigo et au fort de la Trinité.

volcans ; mais à cette idée qui en impose, succède bientôt celle que fait naître l'aspect riant du pays, où l'on n'aperçoit de tous côtés que des orangers, des citronniers, des mangliers, des bananiers, des cacaotiers, des avocatiers, des cafiers, des cannes à sucre ; et, ce qu'on ne peut se lasser d'admirer, des palmiers s'élevant au-dessus de tous ces beaux arbres, et balançant dans les airs leurs tiges superbes.

Cependant (et il faut bien le dire) les tremblemens de terre y sont fréquens, le tonnerre gronde avec fracas pendant les orages ; et depuis le mois de juillet jusqu'au mois d'octobre, il y souffle un si gros vent, que, dans certaines années, des habitations ont été renversées, des arbres et des cannes à sucre déracinés.

Il m'a été rapporté que des hommes qui se trouvaient dans les champs, avaient été dangereusement blessés par les pierres que ce vent impétueux enlevait de la surface de la terre, et poussait avec violence d'un lieu dans un autre.

Qu'en mil sept cent quatre-vingt-dix-sept,

l'ouragan fut si terrible (1), que quatre-vingt-dix navires mouillés à la rade de Saint-Pierre, furent jetés sur la côte, et ceux qui s'étaient éloignés, engloutis dans les eaux.

Ce temps est si redouté, qu'il est d'usage à Saint-Pierre d'annoncer, chaque année, par un coup de canon, le jour où il commence, et par un autre coup de canon, le jour où il finit.

Le premier coup de canon avertit les capitaines des navires de ne pas différer d'aller stationner au port de Fort-Royal, lequel est à l'abri de ces terribles tempêtes.

Voilà les premiers inconvéniens. En voici d'autres :

La Martinique produit une infinité d'arbrisseaux dont le fruit contient un poison très subtil, et j'ai ouï dire que souvent des nègres esclaves, mécontens de leurs maîtres, s'en étaient servis pour les empoisonner.

Un autre arbre, sous lequel il faut avoir l'attention de ne jamais se placer quand il pleut, attendu que les gouttes d'eau qui en

____

(1) L'ouragan dura sept heures et demie, fit un dégât considérable dans la colonie.

découlent sont si âcres et si corrosives, que votre vêtement en serait brûlé sur toutes les parties qu'elles auraient touchées.

Et de nombreux serpens, dont la piqûre est mortelle, si on n'applique promptement le remède qu'on emploie dans ces occasions : je dis promptement, parce que pour peu qu'on diffère, il n'y a plus espoir de guérison.

Un serpent s'était caché dans un fagot d'herbe qu'un nègre avait coupé dans un champ; celui-ci, qui ne s'en était pas aperçu, le prend à terre, le charge sur sa tête, et se dirige vers l'habitation; après avoir fait quelques pas, il est mordu par le reptile, à côté de l'oreille. Le malheureux chancelle et tombe; on accourt pour lui donner du secours; mais avant que le remède pût lui être administré, il était mort.

Un insecte (1), de la grosseur du doigt, dont la morsure cause à l'homme le plus vigoureux une violente fièvre de quarante-huit heures. Puis des moustiques très incommodes surtout pendant la nuit, et des fourmis en si grande quantité, qu'il est presque impossible

____

(1) Les créoles le nomment l'insecte à mille pattes.

de s'en débarrasser dans les maisons même où règne le plus de propreté (1).

Après tout cela, il existe à la Martinique un autre danger, celui des fièvres jaunes. Combien d'Européens nouvellement arrivés ne moissonnent-elles pas à la fleur de l'âge (2)!

Au sujet des serpens, je ferai observer, qu'on n'en voit guère qu'après le coucher du soleil, et que pour s'en garantir les esclaves qui retournent de nuit aux habitations, marchant toujours pieds nus, portent alors dans leurs mains une corde goudronnée allumée, dont l'éclat les fait fuir.

Voilà les nuages qui voilent un peu le tableau que j'ai tracé de cette île, et qui sont cause qu'on ne goûte pas, sans quelque appréhension, le doux plaisir que procure son seul aspect, son éternelle verdure, le bruit des eaux descendant des montagnes dans les vallées, et de tout côté le chant mélodieux des oiseaux.

---

(1) Lorsqu'on se met à table dans ces maisons, on en voit un grand nombre sur les nappes, les serviettes, les assiettes, les bouteilles et les verres.

(2) Ces fièvres ne sont dangereuses que pour les Européens.

Au sujet des serpens, il m'a été certifié qu'il n'y en avait pas à la Guadeloupe, éloignée seulement de trente lieues de la Martinique, quoique des méchans y en aient souvent porté de vivans, pour en rendre le séjour moins délicieux. On prétend que ces reptiles y sont étouffés par des exhalaisons sulfureuses; si c'était ainsi, il faudrait en induire, ce me semble, qu'il y a des mines de soufre à la Guadeloupe et qu'on n'en trouverait pas à la Martinique (1).

Au reste, comme cette île ne renferme aucune bête féroce, ni lion, ni tigre, ni loup, etc., etc., on pourrait passer les nuits en toute sûreté dans les champs, si on n'avait pas à craindre les serpens.

Nègres, Mulâtres, et Gens de couleur.

Sur les cent vingt mille individus formant la population de la Martinique, il y en a cent dix mille de race nègre, mulâtres et gens de couleur (2), et pourtant ce sont les dix mille

---

(1) Cette observation me semble mériter l'attention du naturaliste.

(2) Sur ces cent dix mille, 70 mille sont dans l'esclavage.

de race blanche , qui les prédominent avec empire, qui les écrasent d'une autorité presque sans bornes.

Ceux qui sont esclaves, appartiennent à celui qui les a achetés, ou dont ils sont devenus la propriété par droit de succession , ou autrement, et il en dispose à son gré comme il peut disposer de son héritage.

Ceux qui sont nés libres, ou qui ont été affranchis, sont indépendans, mais dans cette indépendance, ils ne jouissent d'aucun droit politique, la loi les excluant de tout emploi civil et militaire; et dans la société, les blancs conservent toujours sur eux leur supériorité (1).

Il est permis aux nègres, mulâtres, gens de couleur, même esclaves, d'aller au spectacle pour voir jouer la comédie; mais ils ne peuvent se placer qu'aux dernières loges; et ils y montent par un escalier particulier.

Cependant il faut bien convenir qu'un mulâtre, par exemple, étant le produit d'un

----

(1) Les blancs ne qualifient pas du nom de monsieur un nègre ou mulâtre libre; et du nom de madame, une négresse ou mulâtresse libre.

blanc et d'une négresse, ou d'un nègre et d'une femme blanche, tient par les liens du sang à la race blanche, de sorte que les blancs méconnaissent leurs propres enfans, et s'opposent à ce qu'ils prennent dans l'ordre social le rang qui leur appartiendrait.

Cette injustice des blancs me semble procéder de ce que les nègres, mulâtres, gens de couleur, prennent leur origine dans la servitude; les blancs ont donc oublié que leurs ancêtres ont vécu dans le même état.

Travaux des esclaves.

L'esclave, dans une habitation, se lève avant six heures du matin, et après avoir fait un léger repas, il va aux champs; là il commence la culture qu'on lui ordonne de faire, et il la continue sans interruption jusqu'à midi.

A midi, il retourne à l'habitation pour faire un second repas, et, deux heures après, il reprend son travail, et ne le quitte qu'à six heures du soir.

Si, pendant la journée, ce malheureux veut se reposer, il ne l'ose pas, parce qu'il craindrait de s'exposer aux coups du fouet que le commandeur chargé de le surveiller, tient toujours dans ses mains.

Le soir, de retour à l'habitation, il fait un troisième repas, après lequel il va se coucher dans sa case ou cabane (1).

Il n'a pour vêtement qu'un misérable sarrau, ou veste de toile , et un pantalon; va toujours pieds nus; et on ne lui donne pour nourriture que de la farine de manioc, de la morue et quelques légumes: ainsi ses jours s'écoulent dans la misère et la douleur.

Il y en a quelques-uns qu'on pourrait considérer comme moins malheureux.

Ceux auxquels le propriétaire cède un coin de terre ou jardin, sous la condition qu'ils pourvoiront à leur entretien et nourriture.

Ceux-là, en cultivant, pour leur propre compte, ce coin de terre, ou jardin (le dimanche, jour où ils sont dispensés de travailler pour le maître, et le samedi, jour qui leur est accordé dans ce cas), ceux-là, dis-je, peuvent

____

(1) Cette case ou cabane est faite avec des branches d'arbre, le lit n'est composé que de planches sur lesquelles on a jeté des feuilles de cannes à sucre.

se procurer quelques faibles jouissances, par la vente des denrées que leur produit ce coin de terre ou jardin.

Il y en a d'autres qui peuvent également améliorer leur sort, en travaillant tous les jours à leur profit, hors de l'habitation, si toutefois les maîtres veulent le leur permettre.

Et ordinairement cette permission ne leur est pas refusée, pourvu qu'ils s'obligent à déposer chaque mois, dans leurs mains, une somme entre eux convenue, plus ou moins forte, par exemple, vingt, trente, quarante francs; ceux-ci, encore, peuvent se soustraire à beaucoup de privations.

Mais soit que les esclaves cultivent un coin de terre ou jardin, ou travaillent hors de l'habitation à leur profit, ils demeurent toujours sous la dépendance du propriétaire, et ils n'en sont pas moins à plaindre.

Car si beaucoup de blancs ont pour leurs esclaves des sentimens d'humanité, beaucoup d'autres les traitent durement, et lorsqu'un Européen sensible leur en fait des reproches, ils répondent qu'ils seraient tous victimes de la férocité de leurs esclaves, s'ils ne s'en faisaient craindre.

L'un d'eux me dit un jour, que les esclaves s'étaient rendus coupables d'une infinité de crimes atroces ; que depuis peu une négresse septuagénaire avait empoisonné plus de vingt personnes.

Que mademoiselle de Lapagerie, sœur de l'impératrice Joséphine (1), avait été empoisonnée par une jeune négresse de seize ans, pour laquelle, cependant, elle avait des égards particuliers.

La première, ajouta-t-il, avait préparé le poison dont elle s'était servie, l'avait mis dans de petites bouteilles, et pour n'être pas soupçonnée elle avait eu l'attention de communier tous les quinze jours (2).

La seconde avait répondu au juge chargé de l'interroger : « Je n'avais aucun motif d'empoisonner mademoiselle de Lapagerie, et je ne l'ai fait que parce que l'idée de sa mort m'était

____

(1) L'impératrice Joséphine était née à la Martinique.

(2) Elle fut pendue à Saint-Pierre, son corps brûlé, et ses cendres jetées au vent.

agréable. » Ces récits me firent frissonner, mais sans me causer aucune surprise (1).

Car, comment les esclaves ne seraient-ils pas irrités contre les blancs, lorsqu'ils n'ignorent pas que ceux-ci les ont asservis de force, lorsque pour la faute la plus légère, ils les font frapper de vingt-neuf coups de corde sur le dos, leur font mettre un fer au pied, qui les gêne dans leur marche, ou un fer au cou dont les pointes aiguës les blessent et font couler leur sang.

Lorsqu'ils ordonnent qu'ils seront traduits au bagne (2) de Saint-Pierre ou de Fort-Royal, et qu'ils y resteront liés de grosses chaînes, tout le temps qu'il leur plaît de fixer, et tout cela sans qu'ils aient donné lieu par leur conduite d'être punis avec tant de sévérité.

Il est donc évident que la haine des nègres contre les blancs ressort des cruautés que ces derniers exercent à leur égard, et si les

---

(1) Elle fut brûlée vive à Fort-Royal, et ses cendres jetées au vent.

(2) Ces bagnes ne sont établis que pour les esclaves.

blancs étaient plus humains, ils n'auraient jamais à s'en plaindre (1).

Il y a à Saint-Pierre ainsi qu'à Fort-Royal, tous les vendredis et samedis de chaque semaine, vente publique aux enchères de diverses marchandises (et qui pourrait le croire), même des esclaves des deux sexes; n'est-il pas affligeant pour tout homme honnête, de voir ces malheureux achetés et revendus comme des bêtes, de voir ceux qui se présentent pour les acheter, les toucher sur toutes les parties du corps pour savoir s'ils n'ont aucun défaut caché, s'informer de leur âge, exami-

____

(1) Voici un fait qui prouve que les nègres ont quelquefois dans l'âme une élévation de sentimens vraiment sublime.

Dans un établissement européen du Nouveau-Monde on manquait d'un bourreau pour faire mourir des nègres fugitifs que l'on avait repris.

Pour suppléer à ce défaut, un créole ordonna à un de ses esclaves de pendre ces infortunés; celui-ci disparut un instant; mais il revint bientôt avec une hache dont il s'était servi pour se couper une main.

Offrant alors un bras sanglant et tronqué à son maître :

Force-moi donc à présent, lui dit-il, à devenir le bourreau de mes frères.

ner enfin si, d'après leur constitution, ils sont capables de supporter de pénibles travaux ?

La race blanche, en dégradant ainsi la race noire, ne s'avilit-elle pas elle-même, ne fait-elle pas de chaque nègre esclave un ennemi irrité, qui n'attend que l'occasion de se venger.

Aussi m'a-t-il été rapporté qu'il existait entre eux une association dont le but était l'entière extermination de la race blanche.

Que chacun d'eux jurait de s'en défaire par quelque moyen que ce pût être, lorsque l'occasion serait favorable.

Qu'en mil huit cent dix-sept, ils s'étaient rassemblés au nombre de plus de trois cents, avaient massacré tous les blancs qu'ils avaient trouvés dans les habitations, ou rencontrés sur leurs pas, et qu'ils n'en auraient pas laissé un seul en vie, si l'autorité, prévenue, n'eût fait marcher contre eux un fort détachement de troupe de ligne ; ce détachement les poursuivit dans les bois où ils s'étaient réfugiés ; presque tous furent arrêtés, cent furent pendus, d'autres déportés, dix à douze se jetèrent dans des précipices (1).

____

(1) Le gouvernement fit de grands sacrifices pécu-

Au reste, j'ai remarqué que les nègres sont très superstitieux, surtout ceux arrivés depuis peu des côtes d'Afrique; et je vais en fournir la preuve.

Douze de ces nègres, sur trente, dans une habitation, se pendirent, croyant qu'en se donnant ainsi la mort ils renaîtraient dans leur pays; et les autres allaient les imiter, si le propriétaire ne se fût avisé d'un expédient assez singulier pour les en empêcher.

Il est vrai, leur dit-il, que ceux qui se sont pendus renaîtraient en Afrique, si je ne leur faisais trancher la tête; et c'est ce que je vais ordonner qu'on fasse en votre présence, afin qu'ils ne puissent pas renaître; car comment pourraient-ils renaître sans tête : vous devez bien comprendre que cela n'est pas possible; et frappés de ce raisonnement, tous renoncèrent à la résolution qu'ils avaient prise de se donner la mort.

---

niaires, parce que, d'après la loi, lorsqu'un esclave de l'un ou de l'autre sexe est condamné à la peine capitale ou à la déportation, le gouvernement est forcé d'indemniser le propriétaire en lui faisant compter la somme de mille francs.

Les nègres créoles sont moins enclins à la superstition, cependant ils n'en sont pas tout-à-fait exempts.

Il faudrait donc leur donner quelque instruction, leur faire comprendre, par des raisonnemens simples et clairs, ce qui est bien, ce qui est mal, et alors ils feraient le bien et jamais le mal.

Amusemens des esclaves.

On célèbre toutes les années, à Saint-Pierre, deux fêtes dans le mois de juin, auxquelles ils peuvent prendre part; et ils manquent rarement d'y venir.

Ils arrivent sur la place publique vers les quatre heures du soir, et lorsqu'ils sont réunis, les jeux commencent, c'est-à-dire les dansés.

Ces danses consistent dans des mouvemens brusques et variés de droite à gauche, de gauche à droite; à ces mouvemens rapides, succèdent tout-à-coup des repos qui plaisent au spectateur attentif, parce qu'il croit y voir l'expression d'un sentiment.

Ils sont, ces jours-là, vêtus avec une sorte de propreté; les hommes ornent leurs chapeaux ou bonnets de belles plumes, et les femmes, leurs têtes de mouchoirs de différentes couleurs ; tous tâchent d'oublier qu'ils sont les plus malheureux des hommes.

Les esclaves ne peuvent se marier sans le consentement des maîtres ; et rarement ce consentement est refusé, attendu que les enfans qui proviennent de ces mariages, naissent dans l'esclavage ; cependant un propriétaire ne pourrait vendre un de ces enfans, avant qu'il eût atteint sa douzième année, sans vendre en même temps sa mère ; mais après sa douzième année, il peut le vendre séparément.

Le mariage des esclaves consiste dans le consentement des parties; mais c'est le prêtre qui reçoit ce consentement.

On conçoit qu'aucun contrat civil ne peut le précéder, puisqu'il s'agit d'individus qui ne jouissent d'aucun droit politique dans l'ordre social.

Si beaucoup d'esclaves se marient, beaucoup d'autres vivent en concubinage, et ce concubinage est toléré par les mêmes motifs dont j'ai déjà parlé, parce que les enfans qui en proviennent appartiennent au propriétaire comme leurs père et mère.

S'il arrive qu'un blanc amoureux d'une négresse ou mulâtresse lui fasse un enfant, cet enfant appartient au maître de la négresse ou mulâtresse, et son père, quoique de race blanche, ne peut le tirer d'esclavage qu'en l'achetant et l'affranchissant ensuite.

L'affranchissement d'un esclave résulte de la déclaration que fait le propriétaire de cet esclave, devant un magistrat, qu'il l'affranchit, et en payant ensuite au gouvernement la somme de mille francs.

Traite des nègres.

Après avoir dit un mot sur les amusemens des nègres, garderai-je le silence sur la traite qui, depuis si long-temps, révolte tout homme sensible? Non. J'exprimerai là-dessus toute ma pensée.

Qu'est-ce que la traite? et comment se fait-elle? Le voici :

Des bâtimens négriers font voile pour les côtes d'Afrique. Arrivés à leur destination, les capitaines traitent avec un chef nègre pour le chargement ; c'est-à-dire qu'ils achètent à vil prix de ce chef tous les infortunés qu'il a faits prisonniers, et les transportent aux colonies, où ils sont vendus, pour le compte des armateurs, dix fois plus qu'ils n'ont coûté.

Dans ces bâtimens sont de grosses chaînes pour les lier pendant la traversée.

Tombent-ils malades, on leur donne quelque soin ; s'ils ne guérissent promptement on les abandonne.

Il y avait, me dit un jour une personne incapable de mentir, dans un bâtiment négrier qui retournait des côtes d'Afrique, une négresse dont l'enfant, âgé d'environ dix-huit mois, pleurait et criait. L'équipage, craignant que ses pleurs et ses cris ne donnassent l'éveil à quelque bâtiment en croisière, l'arrachèrent avec violence de ses bras et le jetèrent à l'eau. Cette malheureuse en fut si affectée, qu'elle tomba tout-à-coup malade, et mourut quelques jours après.

Que des capitaines négriers, manquant de vivres pendant la traversée des côtes d'Afrique aux colonies, avaient eu la cruauté de jeter à la mer des nègres vivans.

Des députés généreux ont, depuis peu, fait entendre leurs voix à la tribune nationale de France, pour l'entière abolition de l'esclavage : puissent leurs vœux se réaliser !

Commerce.

Le commerce extérieur de la Martinique se fait par les échanges des denrées de la colonie, avec celles venues d'Europe.

Il était, il y a quelques années, florissant pour les habitans de l'île; mais plusieurs causes l'ont fait baisser.

Et celle qui a le plus contribué à cette baisse, c'est qu'elle a cessé d'être l'entrepôt des denrées de Saint-Domingue, depuis que cette dernière île a conquis sa liberté; les négocians d'Haïti les envoient directement dans les ports où ils veulent les transporter.

Cependant, quoique le commerce ait baissé à la Martinique, il y arrive encore chaque année environ cent vingt bâtimens français, anglais et des États-Unis d'Amérique. Les Français y apportent de la farine, des vins, des huiles, des bijouteries, des draps, des nouveautés, etc., etc.; les Anglais, des morues; les Américains, de la farine et autres comestibles; et en contrebande de la poudre à canon.

Pour faciliter le commerce, le gouvernement fit diviser, il y a quelques années, en quatre parties, des pièces d'argent de cinq

francs quarante centimes. Quelques particuliers se permirent de les diviser en cinq, et
même en six parties. Lorsque l'autorité en fut
informée, elle ordonna, pour remédier au
mal, que tous les morceaux en circulation
seraient déposés au trésor public, et que chaque déposant recevrait en échange un bon de
même valeur : ce qui fut exécuté.

Lorsque les morceaux furent retirés de la
circulation, on les mit sur un bâtiment pour
être transportés en France et refondus ; mais
le bâtiment ayant fait naufrage, tout fut per-
du pour les déposans ; et je ne crois pas qu'ils
aient été indemnisés de leurs pertes.

Un jeune Français, ayant été surpris divi-
sant les pièces en question en cinq parties,
fut considéré comme fabricateur de fausse
monnaie, jugé comme tel, et condamné à
la peine capitale. Ce ne fut qu'après l'exécution de l'arrêt qu'on en reconnut toute l'injustice, attendu que l'action pour laquelle il
avait été poursuivi et jugé ne constituait pas
le crime de fabrication de fausse monnaie.

Duel.

Il y a à la Martinique quelques fanfarons
qui se plaisent à proposer des duels au pisto-

let pour le plus léger motif, et souvent même sans motif, aux étrangers nouvellement arrivés dans l'île.

Comme ils s'exercent souvent aux armes à feu, ils tirent assez juste; mais si l'étranger répond à celui qui l'a provoqué qu'il se battra volontiers avec lui à l'arme blanche, il peut être bien sûr qu'il le laissera tranquille.

Je conseille donc à tout Européen qui veut aller résider à la Martinique de prendre, avant son départ, des leçons d'escrime, afin d'effrayer, par la pointe de son épée, tout individu tenté de lui porter un défi au pistolet.

Genre de vie des colons riches.

Les colons de la Martinique, qui ont de la fortune, soit blancs, soit mulâtres, ou nègres libres, etc., se procurent à peu-près les mêmes agrémens que nos riches propriétaires de France, pour le logement, l'ameublement, les vêtemens, le service des tables.

Voici, en général, leur train de vie : Ils se lèvent ordinairement à sept heures du matin, et sortent de leurs maisons pour aller se promener, soit sur le port, ou hors la ville ;

rentrent chez eux vers les dix heures pour déjeuner; dînent à cinq heures après-midi; et s'ils vont dîner à la campagne, ils ne retournent à la ville que le lendemain matin.

Ils sont hospitaliers, généreux, sensibles aux infortunes des Européens qui en ont éprouvé chez eux ou pendant la traversée; et ces nobles qualités les rendent vraiment recommandables.

Les femmes les possèdent ces qualités à un plus haut degré, et comme à cette sensibilité qui les honore et qui les rend si intéressantes, elles joignent un regard expressif, une physionomie spirituelle, un langage séduisant; on doit bien penser qu'elles exercent sur les hommes un juste empire.

On ne peut, à mon avis, que leur faire ce reproche, qu'elles ne sont pas assez actives dans leurs maisons, et n'en sortent pas assez souvent pour aller se promener; cet exercice salutaire les soustrairait à cet état d'apathie et d'indolence dans lequel les plonge la chaleur du climat, et fortifierait leur santé.